독도시인 김현길의 두 번째 시집

우리들의 이야기

김현길 지음

시인의 말

날마다 맞이하는 오늘
살아온 날들이 살아갈 날들에게 묻습니다.

이정표 없는 삶을 살아가면서
사람과 사람이 만나고 헤어지는
삶 안에서 만났던 사람들의 사소하지만
소중한 이야기들을 정리하며
써 내려간 글들입니다.

마음이 통하면 진심이 전달된다는 말이 있듯이
한 구절 한 단어 읽다 보면 마음에 담기는
글들이 있으리라 믿습니다.
보잘것없는 한 편의 시 구절이 사람들에게
조금이나마 위로와 안식을 줄 수 있다면
저 또한 감사할 뿐입니다.

오늘 삶의 무늬를 담은 한 편의 시가 고요한 가슴에
파문을 일으킵니다.

지금 이 순간이 삶의 열정입니다.
우리 모두가 삶의 주인공입니다.
여러분들의 멋진 삶을 응원합니다.

격려는 귀로 먹는 보약이라고 합니다.
많은 사랑과 관심을 부탁드립니다.

2022. 9.

김 현 길

목차

봄이 오면	10
사랑꽃 1	11
사랑꽃 2	13
꽃의 향연	14
꽃 같은 사랑	16
풀꽃	18
목련	19
꽃으로 피다	21
보고 싶다	22
그대가 그립다	23
당신이 좋아서	24
인연 1	25
인연 2	26
인연 3	28
너를 향한 마음	30
아름다운 인연	31
고운 인연	32
안녕, 사랑아!	33
짝사랑	35
삶의 인연 1	36
삶의 인연 2	39
사모곡	40
하늘 인연	41

마음에 품은 사람	42
당신은 사랑입니다	45
만남	46
사랑	47
그대 생각	48
포옹	50
고마운 사람	51
너의 앞에서 1	53
너의 앞에서 2	54
너의 앞에서 3	56
그리움에 사랑을 더합니다	58
중년	60
사랑아 고맙다	62
좋은 만남	64
네가 오는 날	65
동행 1	66
동행 2	67
동행 3	68
마음의 친구	70
그대입니다	72
사람과 사람	74
가족(식구)	75
등대	76

목차

등대가 운다	78
밤의 여로	79
친구 1	80
친구 2	82
담배	84
술	86
술이 그리운 날에	87
숙취	89
어느 詩人의 죽음	90
인생 1	96
인생 2	98
인생 3	99
인생 4	100
설레임	102
외로움	103
연인	104
사랑별곡	106
아쉬움	108
안부	110
추억 1	111
추억 2	112
이유 없는 슬픔	114
서로 다르니	115

사랑하자	116
너를 위해(착각)	118
춤	119
눈	120
윤회	121
홀로서기	123
빗물	124
기다림	125
그대와 함께	126
너에게 1	128
너에게 2	129
너였다	130
그대뿐	131
한 번쯤	132
산(山)	134
산행	135
연리지	136
사람이 좋아서	137
하루를 산다	138
꿈과 희망	140
희망	141
세월아! 세월아!	142
사랑을 담다	144

우리들의 이야기

초판 1쇄 발행일 2022년 9월 1일

지은이 김현길
펴낸이 곽혜란
편집장 김명희
디자인 김지희

도서출판 문학바탕
주소 (06151) 서울시 강남구 테헤란로 323 휘닉스빌딩 1008호
전화 02)545-6792
팩스 02)420-6795
출판등록 2004년 6월 1일 제 2-3991호
ISBN 979-11-86418-84-0 (03810)
정가 15,000원

* 이 책의 저작권은 저자에게 있으며 이 책의 전부 또는 일부를
  이용하시려면 저작권자의 서면동의를 받아야 합니다.
* 이 책은 국립중앙도서관, 국회도서관 홈페이지에서 검색 가능합니다.
* 문학바탕, 필미디어는 (주)미디어바탕의 출판브랜드입니다.

독도시인 김현길의 두 번째 시집

우리들의 이야기

김현길 지음

봄이 오면

봄바람에 부푼 가슴
꽃향기로 달래고

춘삼월 봄에
꽃들의 뜨거운 정사
감싸준 벌과 나비

봄의 전령들이 깨어나
꽃비가 되어 흩날리니
눈과 마음이 호강하는
꽃의 향연

봄 햇살 좋은 날
손에 손잡고
꽃 마중가거든
가만히 두어라

복사꽃 같은 봄 처녀
움켜쥔 꽃망울
가슴을 푼다.

사랑꽃 1

아직도 어설픈
삶과 사랑

날마다
깊어지는 외로움

하루의 삶에
희망이 되어준
사랑 꽃 한 송이

가리고 가려도
가릴 수 없는
별처럼 빛나는
사랑이여

사랑꽃 2

오랜 기다림으로
눈물로 피워낸
꽃 한 송이

삶도 사랑도
한 송이 꽃이어라

꽃으로 와서
사랑으로 지는 아쉬움

샘물 같은 그리움이
봄볕에 흐른다.

꽃의 향연

바람에 흔들리는
풍경소리처럼
대지를 깨우며
봄이 옵니다.

따뜻한 봄 햇살에
하나·둘
꽃망울을 터뜨리는
꽃들의 화사함

꽃잎이 바람에
눈꽃 되어 흩날리니
땅에서도
꽃이 피는구나

만남은 헤어짐을 아쉬워하고
헤어짐은 만남을 그리워하니

사랑이 머문 자리에
꽃처럼 피었다지리

꽃 같은 사랑

흙 속에 몸과 마음을
묻고 피어난
예쁜 꽃처럼

마음을 기쁘게 하는
사람이 있으면
좋아한다고 말하고

가슴을 설레게 하는
사람이 있다면
사랑한다고 말하세요

진실을 마음 안에 담아두면
아무도 알아주지 않아요

함께 있을 때
미소가 나는 사람은
좋아하는 사람이고

헤어지기 싫어하는 사람은
사랑하는 사람입니다

꽃 같은 마음으로
사랑을 전하세요.

풀꽃

한동안 참았던
울음을 터뜨린 모양이다

여린 몸에
빗물 적시우고

툭툭 떨어지는
빗방울의 끝자락

동그랗게 맺힌
그리움 하나

그대에게 향기로운
꽃이고 싶다.

목련

한겨울 추위
참아내며

속살 뽀얀
젖가슴을 덮는다.

찬 서리지나
봄 햇살에
새싹이 돋아나는 날

그리움의 팔을 벌려
순백의 자태로
곱게도 피어난다.

꽃으로 피다

그리움을 품고 핀
사랑꽃

기약 없는 기다림조차
행복한 날들

아지랑이 피는 봄날
파릇파릇 솟아나는
싱그러움으로

꽃향기 흐르는 길 따라
빈 가슴 채워줄 봄 향기

그 누구도
데려가지 못한 그리움
봄 햇살 아래
한 송이 꽃으로 피었다.

보고 싶다

너에게
하고 싶은 말

용기 내어
먼저 하지 못한 말

늘 입안에서만
맴돌던 그 말

눈시울이 뜨겁게
전해오는 귀한 말

마음에만 품었던
아름다운 말

"보고 싶다"

그리운 그대
너무나
보고 싶다.

그대가 그립다

보고 싶을 때
볼 수 있으면
얼마나 좋을까

그대 향한 그리움으로
깊어져 가는 외로움

서럽게 흔들리는
그리움 너머로

기다림이 사랑 되어
한쪽 가슴이 시린 밤

그대를 향한 마음은
설레임이 됩니다.

당신이 좋아서

지친 하루의 끝
말없이 내민
당신의 따뜻한
손길이 좋아서
내 가슴에 담았습니다.

그리움이 별처럼
내린 밤

당신의
순수한 사랑과
진실한 마음만
내 안에 담았습니다.

당신을 향한 마음을
헤아릴 수 없어
아름다운 그릇 하나
마음자리에 비워둡니다.

인연 1

만남 속에 서로가
보고픈
그리움이라면

늘 함께하는
인연은 아니어도

서로를 위하는
따스한 마음이라면

연인아
내 고운 사랑아

늘
내 곁에 있으라.

인연 2

좋은 만남으로
변치 않는
마음으로 마주하면
좋겠습니다.

사소한 오해로
등 돌리지 않고

마음을 열어놓고
만나고픈 사람이면
좋겠습니다.

서로를 소중히 아끼며
기대하기보다는
주어도 아깝지 않을
편안한 만남이면
좋겠습니다.

인연 3

살아가다 보면
만나지나 봅니다.

말하지 못한 그리움인지
전생에 인연인지
하나로 엮어지는
사람이 있습니다.

사랑하기엔 두렵고
그리워하기엔
안쓰럽고
보듬어 주기엔
애처로워
하나하나 마음에
담아 두어야 하는 사람

참 많이 닮아
비슷하다 못해
닮아버린 사람

인연!
운명인가 봅니다.

너를 향한 마음

사랑한다는 말보다
보고 싶다는 한마디가
두근거리는 설렘보다
강한 전율이 있다.

보고 싶어
내가 갈게
한마디에
모든 것이
녹아 내린다.

날마다
그대를 향한
그리움을 품고
있습니다.

"사랑해"
많이 보고 싶어

아름다운 인연

아름다운 인연은
향기 품은 꽃처럼
서로의 향기에 취해
묻어가는 것입니다.

서로를 이해하고
배려하며
빈 가슴에
사랑을 채워
둥지를
만드는 것입니다.

함께 가는 인생길
흐르는 강물처럼
호흡하며
둘이 하나 되어
물들어가는 것입니다.

고운 인연

고운 인연은
좋은 마음으로
기다려야 하고

감나무의 홍시처럼
사랑도 빨갛게
익어야 달콤하듯이

그대가
내 안에서 마음 편히
쉴 수 있도록

마음으로 안아주고
가슴으로 덮어주며
따스함으로
채워주고 싶다.

안녕, 사랑아!

처음 그대를
만날 때처럼
떨리는 마음으로
하루를 시작합니다.

밝은 미소를 간직한
환한 영혼의 순결함

가슴 저리도록
그리운 것은

내 안에
먼저 찾아온
그대의 마음이기
때문입니다.

헤어지고 나서야
시작되는 그리움

아프고 아픈 사랑아
미안하고 고맙다

짝사랑

가끔
보고 싶다고
말해주면 안될까

그리운 마음에
가슴으로 말하면
너에게 들릴까

가끔
그립다고 마음을
보이면 안될까?

같은 하늘 아래에서
숨 쉬고 있는 너의 모습

막연한 그리움으로
가슴에 담아두고
싶은 사람

삶의 인연 1

우연이란
인연으로 만나
애틋한 그리움으로

늘 함께
할 수는 없지만
행복을 빌어주는
배려 있는 사랑으로

고단한 삶의 여정에
사랑스러운 여인으로
다정한 친구처럼
마음을 주고받는
편안한 우리였으면
좋겠습니다.

수많은 사람과
마주하고 있지만
그대와의 만남은
소중한 행복이기에

손잡아 이끌어주며
아름다운 삶의 인연으로
함께하고 싶습니다.

삶의 인연 2

따뜻한 마음으로
준비하는 아침

변함없는 사랑으로
아픈 삶의 여정에
흐르는 강물처럼
소중한 인연으로

사랑과 정이 넘치는
행복한 마음으로

서로의 삶에 휴식처로
마주하면 좋겠습니다.

사모곡

사무치는 그리움으로
까맣게 타 버린
가슴조차도 환한 이슬

안개 자욱한 들길로
젖은 풀포기 밟으며
그대 먼길을 가고

인고의 끈은 쇠사슬처럼
나를 묶어 와도
하나가 되지 못하는 가슴에
돌무덤 하나 남긴 채

그대
먼 길을 가고
다시는 못 올
그 먼길을 혼자서 가고

하늘 인연

보고 싶다.
말하기 전에
가슴이 먼저 아는
당신이기에

오시는 발걸음
헛되지 않게
영혼의 불 밝혀 드리니

숨 쉬는 날의 꿈같은 당신
내 숨결의 주인인 당신
내 영혼의 고향인 당신

피고 지는 인연이 다해도
마주할 당신이기에

이 인연 다하고 나서도
당신 앞에
다시 서게 하소서

마음에 품은 사람

인생이란
삶의 길목에서
일생을 함께하고픈
사람을 만나고 싶습니다.

만남의 조건보다
여인처럼, 친구처럼
고단한 인생길
마음으로 기댈 수 있는
반가운 사람이면 좋겠습니다.

기쁜 날보다
마음이 힘든 날
꼭 안아 보듬어 위로해주는
마음이 따뜻한
사람을 만나고 싶습니다.

견디기엔 슬픔이 클 때
한걸음에 달려와
눈이 아프도록 바라보고픈
기쁜 사람이면 좋겠습니다.

일생을 마음으로 만나다가
홀연히 바람처럼
구름 속으로 사라지는 날

마음이 이별을 못하니
그대와 함께
하늘을 훨훨 날 수 있는
마음이 아름다운
사람을 만나고 싶습니다.

당신은 사랑입니다

천 번의 그리움이
사랑이라면
만 번의 그리움은
인연일까.

당신을 알고 싶어서
마음 안에 담아두고
함께하고 싶습니다.

오랜 만남이 아니라
깊은 마음으로
서로를 품으며

내 안에 잠들어 있는
한 사람에게
안부를 전합니다.

고마운 인연
사랑합니다.

만남

일상처럼 만나고
헤어지는 인연

하루의 삶 안에서
허락한 마음하나
얼마나 큰 선물인지

환한 웃음으로
마음으로 다가온
당신

늘 함께하고픈
소중한 사람입니다.

사랑

밤새 품었던
그리움인양

밝아오는 여명보다
내 안에 그대가
미소 지으며 바라봅니다.

아직은
서툰 사랑표현
들키지 않으려
애써 보지만

그리움처럼
내 안에 들어와 버린
사람

사랑이 이런 감정이라면
뜨겁게 사랑하렵니다.

지금부터…

그대 생각

그대 생각으로
가득한 하루

보고픈 마음에
눈물이 젖는다

따뜻한 봄바람이
살포시 불어오면

그대가 그리워
설레는 마음

늦은 밤 창가에
반짝이는 별 하나

그대가 보고 싶어
애타는 마음입니다

포옹

가을을 닮은
선홍빛 가슴으로

서로를 위로하는
뜨거운 포옹

마음으로 전하는
무언의 소통

사람과 사람의
마음 나눔

그대의 향기에
취하고 싶다.

고마운 사람

스쳐 지나갈
사람이었는데
따스한 마음으로
받아준 당신

하루의 시간 속에
힘들었던 마음을
따뜻하게
감싸준 당신

한결같은 마음으로
기쁨을 나누고
아픔을 보듬어 주는
당신이 고맙습니다.

사랑합니다.
고운님

너의 앞에서 1

너를 만날 때마다
내 안에서 들리는 소리

"두근두근"

요동치는 가슴속 떨림은
애잔한 파장의
메아리로 퍼져

맑은 영혼의
골짜기를 향해
내 안의 너를 향해
소리치고 있었다.

사랑!
내 고운님이여

어느 하늘
아래에 있어도
그대는
내 사랑입니다.

너의 앞에서 2

마음 아픈 어느 날
어깨 들썩이며
눈물 보이시던
그대 누구신가요

헛된 기다림에
보고픔에
울지 않도록

살결을 타고
스며드는 애처로운
바람으로 다가오는
그대 누구신가요

별처럼 빛나고
달님처럼 포근한
한없이 고운 그대

꼬~옥
보듬어 애린
가슴을 문지릅니다.

너의 앞에서 3

그리움으로
눈물을 흘리더라도
포근함으로 감싸줄
해바라기 같은
그대가 옆에
있었으면 좋겠다.

힘들 때 기대어
쉴 수 있는
푸른 소나무 같은
그대가 옆에
있었으면 좋겠다.

그대 마음의 빗장을 열고
조금씩 들어가
작은 그리움이라도 되어
웃음 지으며
바라만 봐도 좋겠다.

그대의 마음 안은
내가 다시 태어나

살고 싶은 따뜻한
세상입니다.

그리움에 사랑을 더합니다

그대를 본 순간
숨이 멎을 것 같은
가슴 벅찬 전율로
사랑은 시작되었습니다.

그대의 사랑을
기다리는 동안
시간은 나를
힘들게 했지만

내 안에서
말 한마디 없이
용기가 되고
기쁨이 되어준
당신이기에

그날의 떨림은
가슴에 남아
더 깊고 애틋해집니다.

중년

바람 앞에 등불처럼
위태로운 나이지만
중년의 가슴에도
뜨거운 바람은 분다

살아온 만큼 꿈도 많고
그리움도 많은데

세월 앞에 멈춘 열정이지만
황혼의 빈 가슴에도
따듯한 바람은 분다

마주하고 살아도
외로움이 많은 날들인데

누가 중년을
저무는 노을이라 했나

지금도
사랑 앞에 서면
눈물겹게 뜨거운
가슴인데

사랑아 고맙다

그대 오는 길목에
우연을 핑계로
마주하고 싶어
서성이는 발걸음

손이 닿지 않는다고
마음 까지 닿지 않는
것이 아니듯

그대를 향한
나의 마음은
멈춘 적이 없습니다.

인연이 되어
삶을 꽃피울
사랑아!

우리 가슴에
따스한 사랑만 담자
일생을 함께할
동반자여

좋은 만남

순수한 마음으로
세상을 바라보며

바쁘게 흐르는
시간 안에서
삶의 여유를 가지고 싶다.

소소한 일상의
소중한 행복으로

욕심 없이 따스한 마음으로
해맑게 살았으면 좋겠습니다.

가진 것 넉넉하지 않아도
풍성한 마음으로

서로에게 도움 주는
따뜻한 마음으로
위로하는 좋은
만남이면 고맙겠습니다.

네가 오는 날

무엇으로도
감당할 수 없는
설레임이 찾아왔다.

중년에도 심장이
뛴다는 짜릿한
느낌을 준 사람

텅 빈 가슴으로
사는 시간
나에게 찾아온
최고의 선물

꽃잎이
하나 둘 피어나듯
마음이 열리는 소리

그대가 오니 좋다
너무나 좋다.

동행 1

보고 싶은 마음이
모이고 모여
그리움이 되던 날

서로의 숨결로 호흡하며
순정의 말들로 전해지는
삶과 사람의 온도

마음이 가는 길
막을 수는 없지만

시간의 흐름 속에
잊혀지지 않을
소중한 만남으로

그대와 손잡고
걷는 이 길이
참으로
편하고 아름답다.

동행 2

늘 불러도
그리운 이름

얼마나 아파하고
그리워해야
그대를
만날 수 있을까

마음속에 그대는
변함이 없는데

그리움으로
사랑하고 싶은
미운 사람

혼자 걷는 인생길에
당신과 함께라면
발걸음이 가벼워 집니다.

동행 3

뜨거운 가슴으로
그리움 하나로
그대를 찾아가는 길

소소한 기쁨이 모여
행복을 이루는 시간

영원하지 않기에
소중한 만큼
아름다운 그대이기에

가끔 미운 순간이 와도
같은 마음으로
손잡고 꽃길 걸어가는
기분 좋은
동행이었으면 좋겠습니다.

내 삶에 들어온 사람
그대가 마음 안에 살고 있어
날마다 봄날입니다.

마음의 친구

오랫동안 침묵으로
말하고 싶었습니다.

깊은 밤
잠 못 이루는 시간에는
두 손을 잡아주며
마음의 얘기를
나누고 싶었고

그대가 눈으로 슬퍼할 때는
손수건을 내밀고 싶었고
그대가 마음으로 슬퍼할 때는
가슴 깊이 감싸주고 싶었습니다.

깊어가는 밤
그대가 옆에 있는 것만으로
마음이 따뜻해져 왔습니다.

내가 위로받기보다는
그대를 더 위로해주고 싶었고

내가 다른 이를 생각할 때
그대도 다른 이를
그리워하겠지만
우린 서로 친구임을 소중히
생각할 것입니다.

오랫동안 변치 않을…

그대입니다

아침 햇살처럼
따스함을 주는 그대는
포근함으로 다가온
사랑입니다.

은은한 커피 향처럼
여운을 남기는 그대는
화사한 꽃처럼
아름다운 행복입니다.

그늘진 삶에
등불같이
길을 밝혀 준 그대는
소중한 사람입니다.

놓치고 싶지 않은
아름다운
인연입니다.

사람과 사람

사람을 만나면서
찾은 행복

사람과 사람이 만나고
헤어지는 시간 속에
희노애락이 담겨있듯

내 사랑도
내 아픔도
내 안에 있었다.

나로 인해
아픈 이가 없기를
좋은 것만 보고 말하며
나쁜 것은
마음으로 품으며

아무리 싫어하고 미워해도
그대의 마음자리가
내 집이고 안식처이기에
다시금 보듬어 안아봅니다.

가족(식구)

생각만 해도
마음이 설레고
아름다운 인연들

마음과 마음으로
사랑하고
가슴과 가슴이 부딪혀
아픔을 주더라도

익숙해서 편안할수록
더 뜨겁게
서로의 가슴을 안고
살아가야 할 인연들

우리 모두가
서로에게 소중한
선물입니다.

사랑합니다.
고맙습니다.

등대

길이 끝나는 곳
등대 하나가
외롭게 서 있다.

끼룩끼룩 울음 우는
갈매기와 친구하며

거친 파도와
세찬 바람을
온몸으로 느끼면서도
마음 편히 쉬지를 못한다.

등대는 말없이
자리를 지키며
어선들이 항구로 돌아오면
달콤한 휴식에 빠진다.

등대가 운다

만선의 꿈과 희망으로
춤추듯 넘실대는
파도와 싸우며

생사의 갈림길에 선
어부들의 고단한
삶을 대신하듯
등대가 운다.

안개 속 너머
어부들의 지친 마음과
삶의 애환을 위로하듯
등대가 운다.

부~웅, 부우~웅
어부들의 설움을
대신하여 통곡하듯
등대가 운다.
등대가 운다.

밤의 여로

달빛이 내려앉은
포장마차에
낯선 얼굴들이
낯설지 않은
아픔을 나누며
눈물을 마시고 있다.

별들의 고요한
속삭임을 들으며
이슬 같은
그리움을 간직한 채

밤 깊은 줄 모르고
기울이는 술잔 속에
젊음의 희망도 멈춘 시간
단숨에 들이키는 슬픔
그리고, 침묵

어둠보다 짙은 안개 속에서
뜨거운 몸짓으로 외치는
목메인 절규

친구 1

매일 만나도
떨어져 있어도
가슴 한곳에
그리움으로
남아있는 모습들

가진 것 없어도
마주하는 시선만으로
웃음이 넘쳤던 지난날

사소한 말다툼으로
못 본 척 외면해도
마음으로 안아준
개구쟁이들

지치고 힘들 때
마음을 담아 걱정해주는
그 모습 그대로
변치 않는 친구가
영혼의 친구입니다.

날마다 맞이하는 하루
감사한 마음으로
건강하게 살아갑시다.

친구님
사랑합니다.

친구 2

세월의 무게로
멀어져 있어도
아련한 추억만으로
미소 지을 수 있는
친구로 남자

소박한 웃음도
가슴으로 안아 주던 시절
옆에 있어 주는 것만으로
위로가 되는 친구로 남자

함께 한 우리의 날들이
삶의 기억으로 흐려지더라도
만나면 밤늦도록
담소를 나누는 넉넉함으로

서로를 칭찬하며 성장할 수 있는
너그러운 성품을 지닌 친구로
허물없이 두 팔로 안을 수 있는
마음 따뜻한 친구로 남자

어떤 모습이든 사랑스럽고
어떤 상황이든 듬직하고
어떤 위치에 있든
서로를 비춰주는
등불 같은 친구로 남자

우리 오랜 친구로 남아 있자

담배

내가 좋아
선택했고

너를 만나
때와 장소를
가리지 않고
뜨거운 입맞춤으로
애정을 나누며

기쁠 때나
힘들 때나
괴로울 때나
늘 함께한
동반자였는데

밤 낮 가리지 않고
나를 힘들게 하고
숨 막히게 하는
낯선 이의 시선이
곱지가 않다

담배야
이별하자

처음엔
너를 찾는 일도
있겠지만
멀리서 지켜보며
추억으로 기억하자

늘
고맙고
고마웠다.

술

너를 알고
함께할 수 있어서
너무나 좋았다.

외로움과 기다림에
서성이는 밤

소박한 안주와
한 잔의 소주는
축복입니다.

목젖을 타고
넘어오는
위로의 한 잔
행복입니다.

술이 그리운 날에

너를 만난 지가
언제인지

눈앞에 아른거려
가슴만 적시던 날

한 잔의 술로
하루의 삶을
보상받고자

내가 네가 되고
네가 내가 되어
서로를 위로하는 밤

하늘의 초승달만
애처롭다.

숙취

그리운 마음에
간절한 마음에

달빛에 의지한 채
너를 뜨겁게
맞이한 밤

창가로 스며드는
햇살 너머로
남아있는 건
몽롱한
숙취뿐이더라

어느 詩人의 죽음

술을 좋아한다.
그는 너무나 술을 좋아한다.
많은 술 중에서도
특히 소주를 즐겨 마신다.

오늘도 투명한 한 잔의 소주를
입에 머금고
추억을 어루만지며
육신을 가누지 못하고
길바닥에 힘없이 주저앉는다.
그리고는 주머니에서
소주병을 찾는다.

수많은 말들이
아름다움을 뽐내며
뇌리를 가득 채우지만
원고지만 펼치면
하늘의 구름이 흘러가듯
꼬리를 물고 자취를 감춘다.

1.
미칠 듯이 밀려오는
외로움보다
못 견디게 스며드는
그리움을
달래야 하는 이 밤

말없이 다가온
그대를 못 잊어
어쩔 수 없이
끄집어내야 하는 아픔

이미 흩어지고 텅 빈
이상과 신념의 사색은
망각의 테두리 안에서
벗어나지 못하고
망설임에 멈칫거리며

밤이 안겨주는 어둠 안에서
숨 가쁜 자신이
너무나 미웠다.

2.
마음이 괴로워
숨이 막혀버려도
어두운 밤
아무리 무섭더라도
내 아팠던 기억으로
눈물이 흘러도
아무렇지 않게 웃으리라.

지난날의 추억은
하늘의 구름처럼
끊임없이 피어오르는데
허전한 마음은
기댈 곳이 없었다.

그리움으로 다가올
그대를 생각하며
숨죽여 흐느껴 우는
내 모습이
방안 가득 너를 품는다.

3.
싫어하는 이를
가까이하는 아픔보다
사랑하는 사람을
잃어버린 아픔이
지나온 기억 안에
외로움만이 앞섰다.

어둠 속에 조용한
아침이 밝아오면
창문 틈새로 스며드는
찬바람에
때아닌 소나기에
흠뻑 젖어 버리고

새벽공기는
앙상한 나뭇가지에
힘없이 앉는다.

인생이란
다시는 돌아오지 않는 순간

스치는 대로
부딪히는 대로
방황하고 싶다.

4.
흐르는 시간 속에
흔들리는 생각 속에
지난날의 나도
먼 훗날 속의 나도
도무지 생각나지 않는다.

힘없이 주머니에
손을 깊숙이 넣는다.
손끝에 와 닿는 동전 몇 푼
가게 앞을 지나다
한 병의 소주를 산다.

힘찬 함성과
성취감의 기쁨으로
하루의 피곤한
분량을 담아
쓰러지듯 마시는
한 잔의 술

메마른 기침 소리
새벽을 깨우고

눈동자에 맺힌 투명한 액체는
육신을 타고 흐른다.

시인은 고독했다.
젊은 시인은 너무나 외로웠다.
한 잔의 술로 아픔을 재우며
쌓여지는 원고지의 분량만큼이나
자신의 몸을 외면하며
투명한 소주처럼 타인의 아픔을
자신의 넋두리로 승화시키며,
혼자가 아님을 느끼며 환희의 순간과
사랑의 갈증으로 목말라하며
주어진 인생과 삶의 구석진 곳을 배회하다.
그렇게 말없이 쓰러졌다.

모두가 지나온 삶의 뒤편에

인생 1

너무나
서툴렀던 삶

부족하고
미흡했던 세월

아직도
모자란 세상살이

날마다 꿈같은
오늘을 산다.

인생 2

인연은 우연히
사랑은 조심스럽게
다가오지만

사랑이 변하는가.
마음이 변하는가.

정 깊어 애달파도
사랑이 떠나가니

무심한 마음자리
찬 바람만 부는구나.

인생 3

짧은 만남으로
삶의 굴레에서
머물렀던 시간들

계절의 순환 속에
왕래 없는 인연은
놓아야겠다

서로의 내일을 위해
새로운 만남을 위해

우리의 삶에
엉킨 매듭을
풀어야겠다

인생 4

세월의 시간 속에
생각나는 사람이
보고픈 사람이 있다는 건
얼마나 행복한 일인가?

비워가는 인생길에
그리움 채워가며
살아갈 수 있다는 건
얼마나 고마운 일인가?

서로를 그리워하며
소중한 사람의 마음에
작은 온기라도
전할 수 있기를

언제나
사랑을 보여줄 수 있도록
소중한 사람을 담아 둔
마음까지 사랑하고 싶습니다.

서로의 인생길에
빈 마음으로
세상과 마주하며
함께하고 싶습니다.

설레임

내 마음이
너를 보고 싶어해
어쩌면 좋을까

너를 보고 있으면
심장이 터질 것 같아
어떡하면 좋을까

내가 너를 보고 싶어 하듯
네가 편안하게
쉴 수 있는 마음자리를
만들고 싶어

겉모습보다는
마음이 예쁜 모습으로
네 곁에 와 있는데

그리운 마음
바람에 실어
너를 만나러 간다.

외로움

눈시울이 뜨겁게
아파오는 그리움

사람이 그리운 걸까
사랑이 그리운 걸까

그대 앞에서
보고 싶었다는
말조차 사치겠지만

그리움에 사무친
쓸쓸한 마음마저

깊어가는 가을은
아름다움으로
승화시키는구나

연인

행여나 다칠세라
너를 보고 있노라면
떨리는 이내 심정
마음마다 사랑인데
손닿자 흐느껴 우는
가엾은 내 동반자여

외로이 걸어가면
달빛은 앞에 있고
흐느껴 울먹이면
밤하늘도 목메는데

통곡도 다 못하여
가슴은 멍들어도
쓸쓸한 마음은
날마다 널 기다리는데

연인아 왜 말이 없이
멀어져만 가느냐.

사랑별곡

잊을 수 없는 사람을
잊어야 한다는 것은
잊어야 할 사람을
잊지 못하는 것보다
큰 아픔입니다.

보낼 수 없는 사람을
보내야 한다는 것은
기다리는 사람을
만나지 못하는 것보다
큰 괴로움입니다.

만나는 기쁨 뒤엔
헤어지는 아픔이 있고
헤어짐 뒤엔 기다려야 하는
슬픔이 있습니다.

이제는
정을 믿기보다는
사랑에 속기보다는
세월의 변함없는 흐름을
믿고 살아가겠습니다.

아쉬움

그리움과
그리움이 만나
뜨거운 몸짓으로
피어오르는 사랑

아픔이
아픔을 만나
슬픔을 낳아도
그리운 소망은
가슴에 묻어둘 뿐

그대 떠나고
발길을 옮기지
못한 건

너의 향기와
소중한 기억이
머물러 있기 때문이다.

뒤늦게 알아버린
소중함

스쳐 지나는
한줄기 비이기를
바랬는데

안부

그대에게서 풍기는
사람 냄새

매일 맡아 각인되어
온몸에 스미는
그대 향기

마음 안에 넣어놓고
꺼내지도 않은 그대의
안부를 기다립니다.

텅 빈 가슴에
누구도 담을
여백이 없는 마음에
살며시 들어와 버린
그대에게

보고 싶었다는 말보다
잘 지낸다는
안부를 전합니다.

추억 1

사랑이 있어야 할 곳은
누군가의 마음 안이기에
스쳐 지나는 바람에
소식을 전합니다.

잊었던 내 사랑도
함께 한
추억을 회상하며
그리움의 나이테를
끌어안고 있겠지요.

어둠을 밝히는
달빛처럼
그리움 한 움큼
가슴에 안고

오지도 않을
당신의 품 안에서
따스함을 느끼고 싶습니다.

추억 2

사람이 그리워지는
계절입니다.

가슴에 묻어둔
그리움 한 조각

빗물로 씻어내기엔
마음 깊이 새겨진 사람

그대 지친
하루의 일상에
술 한 잔 생각난다면

모든 것 풀어놓은
물풀 같은 그리움으로
살포시 찾아오소서.

이유 없는 슬픔

왠지 모르게
우울한 마음
뒤돌아보면
아무것도 아닌 것을

사춘기 소녀처럼
애타게 그리워하던
한 편의 시도 알고 보면
아무것도 아닌 것을

사계절을 마주하며
흘려보낸 시간들

밤하늘의
초승달을 보면
왜 이렇게
눈물이 나는 걸까

서로 다르니

서로 다르니
관심과 이해로
마주하게 하시고

지혜로운 눈으로
겸손하게 소통하며
서로의 좋은 점만 보고

사랑의 표현으로
마음의 안정을
찾게 하소서

사랑하자

집착이 아니라면
소유가 아니라면
사랑하자.

부족함을 채워가는
마음으로 배려하며
우리 사랑하자.

기다려도 오지 않는
마음에
아파하지 말고
편안한 마음으로
서로 사랑하자.

너를 위해(착각)

내 안에 스며든
사랑을 품었을 뿐인데

대답 없는 그대를
빈 가슴으로는
안을 수 없어
놓아주기로 했다

누군가에겐
소중한 사람인데
내 안에 머물러
사랑받지 못한 그대

미안해
네 마음
헤아리지 못해
정말 미안해

춤

손끝에서 전해지는
섬세한 떨림으로

자연의 몸짓
영혼의 몸짓으로
표현하는
무언의 대화

삶의 무게를 떨쳐 내는
여린 몸짓에
흔들리는 육신
너울대는 춤 선

펄럭이며 흩날리는
삶의 무게여
생의 환희여

눈

하얀 그리움들이
소리 없이
마음 안에
내려앉는다.

못다 한 이야기들이
추억이 되어

서로의 마음 안에
차곡차곡 쌓인다.

그대도 지금
이 눈을 보고 있을까?

윤회

대숲에 갇힌 바람처럼
구름에 덮힌 이슬처럼

윤회의 숲을 지나
인연의 강에서
머무는 시간

법당 안의 부처님과
동자 스님의
해맑은 미소 안에서도

시간 인연 공간인연이
마음 따라 일어나니

버려도 지워지지 않는 번뇌
씻어도 맑아지지 않는 본성

오늘도 삶 속에서
꿈을 꾸고 있다.

홀로서기

삶을 살아오며
한 사람을
생각하는 것이
가슴 아픈
그리움이라면
더 이상
아파하지 않으리라.

사랑을 위하여
그대를 만난 것이
잘못이라면
이젠 웃음 지으며
운명에 순종하리라.

삶이 힘들어
동행하기를 원하였지만
아픔이 되어
서로를 힘들게 한다면
나 홀로 서리라.

빗물

창가에
흐르는 빗물은

기다림에
지친 마음에
슬픔이 되어
흐르고

내 안의
외로움은
빗물 되어
내 몸을 적신다.

기다림

텅 빈 거리
계절이 바뀌는
창밖을 보며

삶의 길목에서
아름다운 인연을
만나고 싶다

그대가 오는
길목마다
씨 뿌리고 꽃피운

기다림의 꽃길 따라
걸어올 사랑

가슴 깊이 새겨진
잔잔한 숨결에
옅은 파문이 인다.

그대와 함께

새로운 날을 위해
아침을 준비하듯
깊어가는 가을과 함께
하루를 엽니다.

가을하늘을 닮은
해바라기의 미소처럼
그리움으로 스며드는
그대 향기

꽃의 향기는
바람이 전하고
사람의 향기는
마음이 전하기에

그대와 나누는
차 한 잔으로
하루의 피로를 풀고

사랑과 행복의
웃음꽃을
나누고 싶습니다.

너에게 1

가끔
눈물이 날 때
사랑의 메시지로
힘이 되어주고

늘 처음처럼
그대를
그리워하였노라
말할 수 있었으면
좋겠습니다.

하루가 힘들 때
한 송이 들꽃처럼
환하게 반겨주는
따뜻한 사람이면
좋겠습니다.

소중한 만큼
행복한 마음이
먼저였으면 좋겠습니다.

너에게 2

날마다
붉은 목마름으로
삼켜야 하는 사랑

이른 아침
햇살 같은 사람이
당신이면 좋겠습니다.

따뜻한 미소로
하루를 풍요롭게
해주는 사람

마음 가득 그리움으로
나를 안아주는 사람

내 눈 안에
숨겨진 사랑이
내 삶에 기쁨으로
남을 사람이
당신이었으면 좋겠습니다.

너였다

나에게
설레임을 준 사람
기쁨을 안겨준 사람
아픔을 주고간 사람
너였다

힘든 나에게
따뜻한 위로와
마음을 다해
안아준 사람

고마워
내 마음 가져간 사람

그대뿐

나를 믿어주는
사람은 그대뿐이요

나를 응원하는
사람도 그대뿐이며

나를 책임지는
사람 또한 그대뿐이니

생을 다 하는 그날까지
남은 시간도
잘 부탁합니다.

일생의 동반자여

한 번쯤

세상을 향한 발걸음
삶을 살아가며
발끝에 채인 세월

아무리 눈물겨운
삶일지라도
한 번쯤 하늘을 보자

못 견디게 삶이
우리를 외면할지라도
소중했던 추억의 향기로
마음에 휴식을 취하고
꽃으로 엮어 가슴에 품자

삶이 머문 자리에
모든 것 내려놓고
주위를 둘러보며
그렇게 살자

한 번쯤
그렇게 살다 가자
이 또한 나의 삶인데

산(山)

언제보아도 좋구나.
너의 푸르름이

무표정한 모습으로
우뚝 서 있는 너
네 안에서
안식을 찾고 싶구나.

언제 보아도 좋구나.
너의 청초함이

사회의 일원으로
병풍처럼 늘어서서
푸른 자태를 뽐내는 너

난 네가 좋아라.
너의 청순함이 좋아라.

가자!
자연의 품안으로
초록의 푸르름 속으로

산행

산속의
표지판을 따라

비탈진 오르막길을
서로를 의지하며
발걸음을 옮긴다.

지친 몸과
가슴 계곡 사이를
흐르는 땀방울

시원한 바람은
허락도 없이
온몸을
애무하고 지나가고

정상에서
눈으로만 느낄 수 있는
아름다운 풍경이기에
솔바람 향기로
자연을 느낀다.

연리지

옷깃만 스쳐도
인연인데

바람에 흩어진
만남인가

구름처럼 떠나간
이별인가

외로움 안에
그리움으로
싹을 틔운
따뜻함으로

의지하고
다독이며
함께하는
연리지 사랑.

사람이 좋아서

술
한 잔
할 줄도 모릅니다.

사람이 좋아서
분위기에 취해서

웃음을 나누고
마음을 채우고

비워지는 술잔만큼
붉어진 얼굴과
마음으로
전해지는 정

삶의 이야기로
깊어가는 밤
웃음과 눈물로
마음을 적십니다.

하루를 산다

삶
희망을 일구는 움직임

남들이 휴식을 취할 때
일을 할 수 있으니 감사하고

날씨에 의해 쉬어도
몸과 마음이
편안하니 행복하고

건강한 육신과
수족이 움직이니
내일을 위한 축복이고

건강을 유지하며
하루하루
이겨내는 삶

오늘도 꿈을 향해
하루를 산다.
희망을 본다.

꿈과 희망

대지를 적시는 비처럼
겸손하게
세차게 밀려왔다
부서지는 파도처럼

자신을 희생하며
부드러우면서도
강하게 살라 하네

세찬 바람
거친 파도와 함께하며
망망대해 희망의 불빛으로
바다를 지키는
등대의 굳은 신념으로

꿈과 희망을
품고 살라 하네

희망

세월을 휘돌아
멀어져가는 시간 속에
한겨울 깊은
사랑으로 숨어 있다

새근새근 잠자는
어린아이의 숨소리 마냥
싹 트며 자라나
깊은 잠에서 깨어난다.

마음으로 전해지는
희망의 소리
동면의 밤이 끝나면
그대와 함께
봄 마중 가리

그 길
그곳에 다시
꽃이 핀다.

세월아! 세월아!

꿈도 사랑도 친구도
일생의 긴 여행이지만
하룻밤 찰나 같은
인생이 간다.

세월아
너는 너대로
나는 나대로
아름다운 동행으로
함께 가자.

서로 챙겨주고 아껴주며
기대어 쉴 수 있는
버팀목으로
잠시 머물러 주면서

앞만 보고 걸어온 인생길
옆도 보면서
한 사람의 열 걸음보다
손잡고 가는 모두의
발걸음이 소중하듯

세월아
인생사 힘들지만
삶에 얽매이지 말고
주변의 꽃향기에
취해도 보자

산이 산으로 이어지듯
우리의 삶도
삶으로 이어지는 것
욕심낸다고 뜻대로
살지 못하듯
감사하며 동행하자

세월아
바쁜 세상과 발맞추어
먼저 간들 무엇하리
한 걸음 한 걸음
걸을 수 있다는 게 행복이지

세상 아픈 곳 다독이며
너그럽고 여유 있게
한 세상 동행하자

사랑을 담다

시월의 어느 날
외로움을 쓸고
어여쁜 단풍을 품고

흩어진 추억을 담아
오랫동안 그리워하던
그대를 만나리라

청명한 하늘빛
첫사랑의 떨림으로
기다림의 그림자를 쓸고
사랑을 담고
행복을 줍다.